あま酒 お米であま〜い飲みものをつくろう！　36

パン 小麦粉をふっくらふくらませよう！　46

自由研究のまとめかた　56

おつかれさま　じょうずに菌をそだてられたかな？　58

くさるってどういうことだろう？　59

コンポストにも挑戦してみよう　60

ぼくらは菌と生きている　63

本書使用上のお願い

本書は、菌を使った実験の方法を紹介しています。実験を行う場合は、必ずおとなの方が確認した、頑強で清潔な道具を使用し、材料の分量を守って行ってください。また、菌は生きものです。高気温下では、活発になるため、実験の写真などをご参照いただき、様子を見ておかしいなと感じられたら、いったん実験をおひかえください。

図書館版
発酵菌ですぐできる
おいしい自由研究

文・絵 小倉ヒラク

あかね書房

小倉ヒラクってなにもの？

はじめまして、発酵デザイナーの小倉ヒラクです。

いま、みんなの目の前には、目に見えない小さな生きものが、何千、何万、何十万……とにかくい──っぱいいる。

しんじられないって？

いやいやこれはほんとうのこと。うちのなかにも、学校の教室や校庭にも、野原や川にも、いっぱいいっぱい目に見えない小さな生きものがいる。

ぼくは、そんな見えない生きもの「菌」を研究して、目に見えるようにする「発酵デザイナー」だ。

見えないものをどうやって見えるようにするかって？

じつは、菌をそだてて、ふやすんだ。目に見えないほど小さな小さな菌も、10億、100億……と集まれば、目に見えてくる。この本には、そんな菌のそだてかたがのっている。さらに、そだてて、ふやした菌たちといっしょにおいしい料理をつくる魔法も起こせるようになっている。この魔法を「発酵」っていうよ。

みんな、菌となかよくなって、おうちの人もビックリしちゃう、おいしい「発酵料理」をつくろう。

最初はむずかしいかもしれないけれど、なれてくると、見えない菌をつかまえて、その存在を実感することも、菌が食べものをおいしくしていくようすも観察できるようになる。

それが「おいしい自由研究」だ。

さあ、ぼくといっしょに菌の魔法、発酵を起こしてみよう。

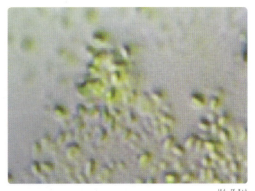

みんながふだん食べているヨーグルトのなかも、顕微鏡で見ると、ほら小さな生きものがいる。これが乳酸菌。こういう小さな小さな生きものをそだてるよ。

菌ってナニ？

　目に見えないち——っちゃなちっちゃな生きもの、菌※。

　ほにゅう類や魚や虫は「動物」、草や花や木は「植物」だけど、菌はそのどちらでもない。そういわれると、ただでさえ目に見えない菌がどんな生きものなのか、想像しにくいね。

　でも目に見える菌のなかまもいるよ。それは、「キノコ」。キノコは植物ではなく、菌のなかまだ。植物は、太陽の光がないとそだたない。でも、キノコなど、菌のなかまは、太陽の光がなくても生きていける。水や空気がなくてもへっちゃらなのもいる。

　菌はどこにでもいる。空気のなかにも、土のなかにも、水のなかにも、さむい北極にも、あつい火山のなかにも、みんなのからだのなかにも、からだの表面にもいる。

　菌は、とにかくいっぱいいる。たとえば、みんなの口からツバをとってみると、1グラムあたりのツバに、100,000,000（1億）びきくらいいる。

　目に見えない小さな菌が、地球のあらゆるところに、たくさんいて、なにをしているんだろう？　じつは菌は、生きもののからだを細かく細かく分解して、別のモノに組みかえているんだ。たとえばキノコは、木を分解して、土や水や大気にもどすはたらきをしている。ほかの菌もおなじだよ。

　ぼくたちはそんな菌にかこまれて、毎日くらしているんだ。ふしぎだろう？

うごいてエサをとる。タマゴや子どもを産んでふえる。

太陽の光から養分をつくる。種をつくってふえる。

栄養のあるものにくっついてそだつ。胞子をとばしたり、分裂してふえる。

※ キノコやカビなどの「菌」よりも小さな生きものに「細菌（バクテリア）」や「ウィルス」などがいますが、この本では、まとめて「菌」としています。

動物や植物にも、いろいろな種類がいるように菌にもいろいろな種類がいる。でもこの本では、つぎの2種類にわけてあつかうよ。

・人間の役に立つ菌＝発酵菌
・人間に害をあたえる菌＝ばい菌

はじめに説明した通り、発酵というのは、菌が食べものをおいしくする魔法のこと。

たとえば、みんなも大好きなヨーグルトのあのさわやかなすっぱさは、「乳酸菌」という菌がつくりだしている。

つまり、乳酸菌は、料理をおいしくする魔法が使える「発酵菌」だ。

発酵菌は、料理の味をよくしてくれるだけじゃない。栄養を高めたり、保存がきくようにしたり、人間の役に立つことをたくさんしてくれる。

反対に、食べものをくさらせるのが「ばい菌」。

ばい菌がついた食べものを食べると、おなかがいたくなったり、病気のもとになったりする。ばい菌は、人間をこまらせる、気をつけなくちゃいけない菌なんだ。

ばい菌＝カビと思うかもしれないけれど、カビは菌の別のいいかた。だから、発酵菌のカビもいるよ。

この本で、みんながそだてるのは、発酵菌。

「おいしい自由研究」のひけつは、ばい菌にじゃまされず、発酵菌をそだてること。そのためのテクニックもみんなに伝授するよ！

パンをくさらせるのも、チーズを発酵させるのも「アオカビ」というカビ。アオカビからは「ペニシリン」という薬も発見されたんだ。

この本であつかう発酵菌

それでは、「おいしい自由研究」に登場する発酵菌を紹介しよう。

乳酸菌：ヨーグルト、みそしる、コンポストに登場

食べものにくっついて、さわやかでおいしい酸をつくってくれる発酵菌。ヨーグルトをはじめとして、みそやつけものなどでも活躍するみぢかな菌だ。
30〜40度の温度でどんどんふえる。あまいものが大好きで、あまみを食べて、酸にする。

酵母菌：パン、みそしる、コンポストに登場

食べものにくっついて、ガスといいにおいを出す発酵菌。パンをふくらませて、あの香ばしいかおりをつくってくれる、人間によくなつく菌だ。
20〜30度の温度でどんどんふえる。乳酸菌といっしょであまいものが大好き。あまみを食べて、二酸化炭素とアルコールにする。

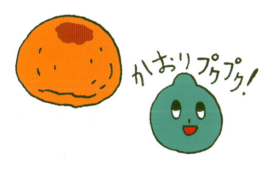

こうじ菌：あま酒、みそしるに登場

みそやしょうゆをつくる、日本にしかいないカビの一種。ふつうカビといえば、ばい菌が多いんだけど、こうじ菌は、人間に悪さをしないめずらしいカビで、発酵菌だ。みそしるを飲んだときの「うまい！」とさけんでしまう、あの味をつくってくれる。30〜40度の温度でどんどんふえる。穀物に入っているデンプンやタンパク質を分解して、うまみやあまみにする。

納豆菌：納豆、コンポストに登場

野原や田んぼにたくさんすんでいる、とってもユニークな発酵菌。
納豆のあのネバネバやくさいにおいをつくる。40〜50度の温度で、ほかの菌よりもはやくふえる。ひと晩で何千万倍にも何億倍にもふえて、くっついた食べものがあっという間にネバネバになってしまうんだ。穀物に入っているタンパク質などを食べてうまみやビタミンにする。

「おいしい自由研究」に必要なものとやくそくごと

必要なもの

発酵箱をつくっておこう！

納豆、あま酒、コンポストなどに使うよ。
さむい時期は、ほかの研究にも使えるから用意しておこう。

発酵箱は、あたたかい温度が好きな菌をそだてる飼育箱だよ。ヨーグルトメーカーがある人は、それを使ってもいいよ。

外部センサーつき温度計

ホームセンターやインターネットで売っているよ。
なかの温度がひと目でわかるように、センサーを箱のなかに、表示部分を箱のふたにセットする。

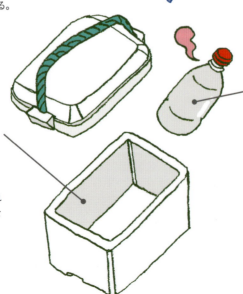

発泡スチロール箱
（容量4〜6リットルくらいの大きさのもの）

お湯を入れたペットボトルを入れて、ふたをすれば、箱のなかを保温できる。

ペットボトル
（1〜2本）

お湯を入れて、箱のなかの保温に使うから、ホット用や炭酸用などあつみのあるものを用意する。保温温度に合わせて本数をふやすよ。
湯たんぽや使いすてカイロもあるとべんりだよ。

やくそくごと

手と道具はきちんとあらおう

料理をするときはあたりまえだけど、手や道具をよくあらおう。とくに、この本では、目に見えない菌をつかまえて、そだて、菌といっしょに料理をする。そのときに、そだてたくない菌が、手や道具についていたらだいなしだ。かならずあらおうね。

けがややけどに注意しよう

ばい菌をよせつけないためや、発酵菌をそだてるために、火やほうちょうを使うこともあるよ。そんなときは、子どもだけでやらないで、かならずおとなといっしょにやろう。おとなといっしょにやってほしいところには 注意 マークがついてるよ。

菌は生きている。かわいがろう

菌は生きもの。花や虫をそだてるように、菌の世話をしよう。本にのっている材料や温度や時間は菌がそだつためのエサや環境だから、きちんと守ってね。しっかりかわいがって、世話をしてあげて、元気な菌をたくさんふやそう。

失敗かなと思ったら、ぜったいに食べない

菌をそだてて料理をつくる「おいしい自由研究」。食べものをおいしくする発酵菌だけそだってくれればいいけれど、ばい菌がそだってしまうと、食べられないどころか、食べると、おなかをこわしたり、病気になってしまうこともある。

なんだかあやしいなと思ったときは、ぜったい食べちゃダメだよ。においをかいで、ツンと鼻にくるにおいがしたら、まず失敗だ。すぐすてよう。

自由研究を始める前に

いよいよつぎのページから、「おいしい自由研究」が始まるよ。
どの料理から始めてもいいけれど、その前に研究の心がまえと
この本の使いかたを知っておこう。

研究の心がまえ

● **菌は、きちんとかわいがって、世話をする**
● **失敗しても、菌とすごした経験は役に立つ**

これから始める自由研究は、おいしい料理をつくる研究でもあるけれど、
その前に菌という生きものをそだてる研究なんだ。見えないけれど、菌は生きもの。
たとえば、虫や魚をそだてようとして、本の通りにやってみても、うまくそだたなかったり、
めんどくさかった、なんていう経験はないかな？
生きているものを思い通りにそだてるのは、むずかしい。でも、失敗しても、
生きものとすごす時間は楽しいし、いろいろな発見をくれるはずだ。

本の使いかた

自由研究を始めるためのページ

スケジュールは、「自由研究スタート！」のページにつながっているよ。

料理・研究内容
どんな料理をつくって、なにを研究するのか、ここを見ればわかるから、興味がある研究をさがそう。

スケジュール
自由研究の大まかな流れや時間がわかる。

用意するもの
必要な材料や道具などが書いてある。そろえてから始めてね。コピーをして、用意できたものには、チェックをするとべんり。

データ
その研究にかかる時間やそだてる菌などがわかるから、研究をえらぶときの参考にしよう。

完成時間 　研究を開始してから料理が完成するまでにかかる時間。菌によっては、じっくり時間がかかるものもあるから、研究をいつから始めればいいのか考えよう。

作業時間 　実際の作業時間。菌がそだつのに時間がかかっても、作業時間は短い研究もあるよ。

レベル 　★の数が少ないほどかんたんで、多いほどむずかしくなる。かんたんなものは失敗しにくいし、むずかしいものは、成功するとかなりじまんできる研究だ。

そだてる菌 　この研究のためにそだてる菌の名前。

「自由研究スタート！」のページ

手順
研究は、番号順に進めていこう。

注意マーク
火やお湯、ほうちょうなどを使うところ。このマークのあるところはおとなの人といっしょにやろう。

コラム
その研究であつかう菌や料理についてのミニ情報がのっているよ。研究の結果を考えるのに役立つよ。

メモマーク
メモをとっておいたほうがいいところ。自由研究の文章をまとめるときに役立つよ。

カメラマーク
写真をとっておいたほうがいいところ。自由研究を発表するときに役立つよ。

チャレンジコース
もう1段階上の研究。少し手間や時間がかかるけれど、最初の研究がうまくいった人は、ぜひチャレンジしてほしい。

発酵チェック！
おいしい自由研究の一番のポイント。菌がふえていくにしたがって、発酵も進むはず。見本の写真もあるので、自分の菌がうまくそだっているかどうかの参考にしよう。

できばえ採点！
最後に研究がうまくいったか、料理がじょうずにできたかなどを採点しよう。×があったら、ばい菌をそだててしまったかもしれないから、その料理は食べないようにしよう。

ポイント
研究がうまくいくためのポイントが書いてあるから、しっかり読もう。

ヨーグルト 変身する牛乳のひみつ

みんなも大好きなヨーグルトは、「乳酸菌」という菌が、牛乳を発酵させてつくる食べものだ。飲みものの牛乳を、食べもののヨーグルトに変身させる乳酸菌の力をたしかめよう。

データ

完成時間	12〜24時間くらい
作業時間	20分
レベル	★（とってもかんたん）
そだてる菌	乳酸菌

まぜるだけでできる！

どんどんふやせる！

牛乳をかためるのは乳酸菌

牛乳がかたくなるわけは？ すっぱい味はどうして？
牛乳がにがてでもヨーグルトは食べられる人がいるのはなぜ？
乳酸菌の代表的なはたらきがよくわかるヨーグルトづくりに
挑戦してみよう！

牛乳は
にがてなんだ
けど…

すっぱいのに
おいしいのは
なぜ？

だいじょうぶ。
牛乳と
ヨーグルトは
ちがうんだ。

スケジュール

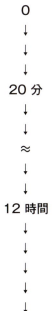

0
↓
↓
↓
20分
↓
↓
≈
↓
↓
12時間
↓
↓
↓
↓
24時間

1日目
ヨーグルトを
しこむ
わかした牛乳に
ヨーグルトをまぜる

発酵中
部屋のすずしいところに
置いておく

かたまったら
できあがり！
食べてみよう！

用意するもの

◎**材料**（ヨーグルト 500 グラムぶん）

☐ 牛乳：500 ミリリットル

☐ プレーンヨーグルト
　：大さじ 2

◎**道具**

☐ ふたつき　　　☐ 温度計
　ガラスびん

☐ なべ

◎**あると楽しい道具**

☐ リトマス試験紙（青）
※大きな薬局やインターネットで
売っているよ

リトマス試験紙は、液体の性質がわかる紙だよ。
液体は、その性質によって「酸性」「中性」「アルカリ性」にわかれる。酸性というのはすっぱい性質で、青いリトマス試験紙が赤くなる。中性の牛乳が、酸性のヨーグルトになって、すっぱくなるのをたしかめてね。

自由研究スタート！
牛乳をヨーグルトに変身させよう!!

牛乳に乳酸菌というちっちゃな発酵菌がくっつくと、あらふしぎ！かたまってすっぱくなって、ヨーグルトになっちゃうんだ！とうめいなガラスびんで観察しながらつくってみよう。

1日目　ヨーグルトをしこむ

① なべに牛乳を入れ、中火にかけ、沸騰直前で、火を止める。

牛乳を沸騰直前までわかすのは、殺菌のためだよ。

かならず開けていない新しい牛乳を使おう！

注意 やけどに気をつけて！

② しばらく牛乳を冷まし、45度以下になったらガラスびんにうつして、ヨーグルトを入れ、よくまぜる。

発酵中

③ びんにふたをして、部屋のすずしいところに置いておく。直射日光のあたらないたなやテーブルの上など、風通しのいいところがいいよ。ジメジメした場所はさけよう。

部屋の温度と開始時間をメモしておこう。

Check!

発酵チェック！
ガラスびんのなかで、牛乳がかたまって、ヨーグルトになっていくようすをたしかめよう。

記録しておこう。

5～6時間たつと、牛乳のようすが変わってきたのが見えておもしろい。すごいぞ、乳酸菌！
部屋の温度によるけれど、20度前後なら20～24時間、夏の暑い時期、30度近かったら12時間くらいで完成！

かたまったらできあがり！

保存方法

できあがったら、冷蔵庫に入れて、一週間以内に食べきろう。

ふだん食べているヨーグルトより、やわらかめでも、だいじょうぶ。すごくトロリとして、コクのあるヨーグルトができた人は、大成功！
リトマス試験紙があれば、酸性になったか、調べてみよう。

できばえ採点！

○が多いほど成功！
×があったらぜったいに食べないで！

★味
- ○ すっぱい
- ○ さわやか
- ○ あまい
- × にがい
- △ 味がきつい
- △ 水っぽい
- ○ 濃い
- × うすい

★におい
- ○ ほんのりあまい
- ○ さわやか
- × くさい
- × ツンとくる

★状態
- ○ トロトロ
- × ネバネバ
- × 牛乳のまま
- ○ きれいな白
- × 黄色や緑ににごっている
- △ かたまってる部分と水がういてる部分がある

食べる前によくチェックして！失敗だったら、すてよう。

菌の力をみぢかに感じられるヨーグルト。なめらかなしたざわりとすっぱさは、乳酸菌からのおくりもの。

かんたんで、手順通りにつくれば、かならずうまくいくよ。

チャレンジコース

豆乳ヨーグルトをつくってみよう!

大豆のしぼりじるの豆乳でもヨーグルトをつくることができるよ。
手順は牛乳のときとおなじ。味やにおいをくらべてみよう。
どんなちがいがあるかな?

用意するもの

◎ **材料**
- □ 豆乳：500ミリリットル
- □ プレーンヨーグルト：大さじ2

◎ **道具**
- □ 牛乳のヨーグルトとおなじ道具（11ページを見てね）

つくりかた

① なべに豆乳を入れ、中火にかけ、沸騰直前で、火を止める。

② しばらく冷まして、45度以下になったらガラスびんにうつして、ヨーグルトを入れ、よくまぜる。

③ びんにふたをして、部屋のすずしいところに置いておく。かたまったら完成！

 注意 やけどに気をつけて！

くらべてみよう！
牛乳ヨーグルト と 豆乳ヨーグルト

豆乳の原料は大豆。牛乳とにているけれど、ぜんぜんちがうものなんだ。

乳酸菌のエサになるあまみの種類が牛乳とはちがうから、豆乳でヨーグルトをつくるほうが少し時間がかかる。味も牛乳のヨーグルトとちがって、大豆のあまみや、とうふににている感じがするはずだ。みんなはどっちの味が好きかな？

やってみよう！
こんなとき・こんなこと

もとのプレーンヨーグルトより すっぱくなった

ちょっと発酵させすぎたかもしれないね。乳酸菌は、牛乳の糖分（あまみ）を乳酸（すっぱさ）に変えるから、発酵が進むほど、すっぱくなっていく。ジャムやハチミツで、好みのあまさにして食べるといいよ。

なんだか ネバネバしている

牛乳を沸騰直前までわかさなかったり、ガラスびんのふたがきちんとしまっていなかったり、ジメジメした場所に置いておいたりすると、乳酸菌以外のばい菌が入ってしまうことがある。そうすると牛乳がくさってネバネバになって、ヘンなにおいが出てくるんだ。ぜったいに食べちゃダメだよ！

危険

牛乳のまま、なかなかかたまらない

考えられる理由はふたつ。部屋の温度が低すぎたか、材料にしたヨーグルトがプレーンヨーグルトじゃなくて、さとうやくだものが入ったあまいものだったかのどちらかだ。乳酸菌はさむいのがにがてだし、糖分が多すぎてもはたらけなくなるんだ。
あまりかたまらない場合は、ほかの菌も入ってくるかもしれないから、食べないですてよう。

さむい時期は、発酵箱を使うといいよ。

自分のヨーグルトを どんどんふやそう

つくったヨーグルトを材料にして、また新しいヨーグルトをつくることもできる。つくりかたはおなじだから、自分だけの乳酸菌をどんどんふやしてみよう。
ただし、ほかの菌が入ってしまうこともあるから、味や見た目、においがおかしいなと思ったら、ぜったいに食べないで。ヨーグルトをふやすのも中止しよう。

ヨーグルトが発揮する乳酸菌パワー

牛乳が発酵してすがたを変えるヨーグルト。そこには、乳酸菌のパワーがひめられている。おいしくて体にいいヨーグルトのひみつをさらに深く紹介するよ！

あまい牛乳をすっぱくする

牛乳はあまいけれど、ヨーグルトはすっぱい。乳酸菌が牛乳のなかに入ると、乳糖というあまみをエサにしてどんどんふえる。そのときに、乳糖を乳酸というさわやかなすっぱさに変えるんだ。これがヨーグルトのすっぱさのひみつ。

牛乳がにがてでもだいじょうぶ！

牛乳を飲むと、おなかがゴロゴロする人は、牛乳に入っている乳糖を分解する力が弱い。でも、ヨーグルトは、その乳糖を乳酸菌が食べてくれているから、だいじょうぶ！ 牛乳のなかにあるカルシウムやタンパク質をおなかをゴロゴロさせずにとることができるんだ。

牛乳がかたまってヨーグルトになるわけ

牛乳にはタンパク質がたくさん入っているけれど、じつは、タンパク質はすっぱい液体のなかにまざるとかたまる性質があるんだ。
乳酸菌が牛乳のなかに入ると、すっぱい乳酸をどんどん出す。牛乳のなかの水分と乳酸がまざってすっぱい液体ができる。それによって、牛乳のタンパク質がかたまっていく。
そうして、飲みものの牛乳が食べもののヨーグルトに変身していくんだよ。

左：牛乳 / 右：ヨーグルト
牛乳にくらべて、ヨーグルトの表面はトロリとしているのがわかる。牛乳のなかのタンパク質がかたまっているんだ。

からだを元気にしてくれる

みんなのからだのなかには、たくさんの菌がすんでいる。そのなかで、からだをじょうぶにしてくれる菌は「善玉菌」、からだに悪い物質をつくる菌は「悪玉菌」とよばれている。おなかの調子を整えて、悪玉菌がふえるのをおさえてくれる乳酸菌は善玉菌の代表だ。乳酸菌がたくさんいるヨーグルトは、からだを元気にしてくれるんだ。

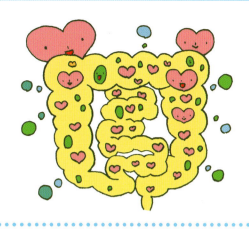

世界中で食べられている

ヨーグルトは、中央アジア（モンゴルやカザフスタン）から東ヨーロッパ（ギリシャやブルガリア）で始まったとされる。たぶん、何千年も前のことだ。このあたりの土地は乾燥していて、ばい菌が少なかったので、ヤギやウシの乳を保存しておいたら、自然に発酵したんだ。からだによくて、かんたんにつくれるヨーグルトは、いまでは世界中で食べられている。それぞれの地域で、すんでいる乳酸菌がちがうから、その土地によって、ヨーグルトの味や特徴も変わる。ブルガリアやギリシャは、おいしいヨーグルトをつくる乳酸菌がすんでいることで有名だ。インドではラッシー、トルコではアイランという飲むヨーグルトが人気だよ。

すっぱいのにおいしく感じるのはヨーグルトがからだにいいはたらきをしてくれる食べものだからだよ。

うまい

納豆 ネバネバのひみつをさぐる

ネバネバしたふしぎな食べもの「納豆」は、
その名もずばり「納豆菌」という菌が大豆からつくる食べものだ。
納豆菌をそだてて、おいしい納豆をつくろう！

データ

完成時間	3～4日くらい（60～72時間）
作業時間	6時間
レベル	★★（わりとかんたん！）
そだてる菌	納豆菌

3日でできる！

栄養満点！

納豆をつくる＝納豆菌をそだてる

みんなが食べる納豆のにおいの正体は？ まぜるとネバネバするわけは？
そもそもどうしておいしいのか？ そのひみつは納豆菌にある。
納豆菌をそだてて納豆をつくれば、いろんな答えがわかるよ！

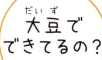
大豆でできてるの？

においがにがて…
くさーい

まぜるとどうなるかな？

スケジュール

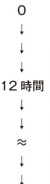

時間	予定
0	**1日目 夜** 準備 大豆をあらって水につける
12時間	**2日目 朝** 納豆をしこむ 大豆をゆでて、納豆菌をまぜる
36時間	**3〜4日目** 発酵中 保温しながら、納豆菌のようすをチェック
60〜72時間	**4日目 昼** できあがり 食べてみよう！

用意するもの

◎材料
- ☐ 大豆：100グラム
- ☐ 納豆：1パック

◎道具
- ☐ なべ ☐ ポリぶくろ
- ☐ ボウル ☐ 発酵箱（6ページを見てね）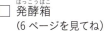
- ☐ ザル

自由研究スタート！
ネバネバ納豆をつくろう!!

納豆に必要な材料は、大豆と納豆菌だけ。
納豆菌は、ワラが大好きで、田んぼの多い日本のどこにでもいる菌だ。
売っている納豆のなかにもいるから、それを使って、かんたんに納豆をつくろう。

1日目 夜　準備

① 夜、大豆をあらって、12時間以上、水につけておく。

スタート

↓

12時間後
大豆が水をすって、3倍にふくらむ。

2日目 朝　納豆をしこむ

② 大豆をなべで5時間以上ゆでる。水がなくならないよう、ときどき水を足す。

指先で大豆がすぐつぶれるくらいまでゆでる。

圧力なべなら30分くらいでゆであがる。

注意 こがさないように！

③ ゆであがった大豆をザルにあげて、お湯を切る。

注意 あついから気をつけて！

④ 大豆があついうちに、納豆1パックを入れて、よくまぜる。

⑤ ④をポリぶくろに入れる。

ぼくが、息を
できるように、
ふくろの口は少し
開けといてね。

⑥ 発酵箱用のペットボトルに
お茶くらいの温度（60〜70度）の
お湯を入れる。

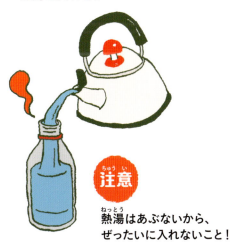

注意
熱湯はあぶないから、
ぜったいに入れないこと！

⑦ 発酵箱へ⑥のペットボトルを入れ、
その上に⑤のポリぶくろを
置く。

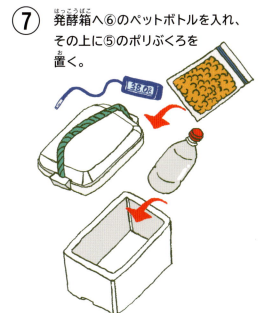

発酵箱のふたをして、温度計が見えるように置けばセット完了。箱のなかが40〜45度になるよう、ペットボトルの本数や使いすてカイロを利用して調節してね。

納豆菌は、日本で一番みぢかな発酵菌！

納豆菌は、空気中にも草のなかにもいっぱいいるとってもみぢかな菌。植物性タンパク質がたくさんふくまれている大豆が大好物で、大豆といっしょに40度くらいのあたたかい場所にいると、どんどんそだって、ひと晩で10億個以上にもなっちゃうよ。
熱に強い納豆菌は、ゆでたてのあつい大豆にまぜても平気。ほかのばい菌がすめない温度の大豆に納豆菌をまぜることで、安全においしい納豆づくりができるんだ。

菌は生きもの。
これから、
納豆菌を
そだてよう！

3〜4日目　発酵中

⑧ 3〜4時間ごとに、お湯をとりかえて、48時間、発酵箱のなかであたためる。

直射日光のあたらないたなやテーブルの上など、風通しのいいところに置こう。

Point!

保温は40〜45度！

発酵箱の温度が40〜45度くらいだと、納豆菌がどんどんふえる。こまめに温度計を見て、3〜4時間ごとにペットボトルのお湯をとりかえてあげよう。
ねるときなど、お湯をなかなかかえられないときには、使いすてカイロふたつで、ふくろをはさんであげると7〜8時間平気だよ。

動物の世話をするように、納豆菌の世話をしてあげよう。

Check!

発酵チェック！

お湯をかえるとき、大豆の発酵具合もたしかめよう。

↓

だんだん豆の色が濃くなって、においも出てくる。

記録しておこう。

4日目　昼　できあがり！

大豆がヌラヌラして、納豆のにおいがしてきたら完成。
かきまぜるとネバネバするかたしかめてみよう。
ネバネバが足りない場合は、もう少し保温をつづけてみよう。
もし、大豆に白いまくがはっていたら、
それは、納豆菌がすごくふえた証拠。大成功だよ。

できばえ採点！　○が多いほど成功！

★ネバネバ具合	★におい	★味
○ ネバネバした	○ 納豆のにおい	◎ おいしい
△ ネバネバしなかった	△ すっぱいにおい	○ 香ばしい
○ かきまぜると糸を引いた	△ ツンとくるにおい	○ あまい
△ あまり糸を引かなかった		△ にがい

発酵が進みすぎると、においがきつくなるよ。

チャレンジコース

ワラ納豆をつくってみよう!

納豆は、もともとワラでつくっていた。
ワラには、小さなあながたくさん空いていて、納豆菌が
たくさんすんでいる。売っている納豆をまぜなくてもできるよ。

用意するもの

◎材料
- ☐ 無農薬か低農薬のワラ：50本（60〜70グラム）くらい
  ※農家やインターネットで売っているよ。
- ☐ 大豆：60グラム

◎道具
- ☐ はさみ
- ☐ ひも
- ☐ 納豆づくりの道具
  （19ページを見てね）

つくりかた

① 納豆づくりとおなじように大豆をひと晩水につけてから5時間以上ゆでる。

② ワラづとをつくる。

水につけてやわらかくしたワラをたばねて、まんなかをひもでしばり、ふたつに折る。

両はじをまとめてしばり、よぶんなところを切る。これでワラづとの完成。

③ ワラづとを開いて、なかにゆでた大豆をあついうちに入れる。

④ あとは納豆づくりとおなじ。発酵箱にワラづと大豆を入れて、発酵させよう。

2日たったら、できあがり!

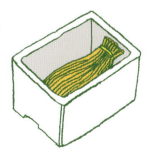

納豆をまぜてないのに、納豆ができたということは、ワラに納豆菌がすんでいる証拠。

 あついから気をつけて!

やってみよう!
こんなとき・こんなこと

あまりネバネバしなかった

大豆をちゃんとひと晩水につけて、しっかり5時間以上ゆでたかな？ 大豆がやわらかくないと、納豆菌が大豆をしっかり食べて分解することができないんだ。発酵中の温度が低すぎたり、高すぎたりしても納豆菌のはたらきが弱ってしまうことがあるよ。

すっぱくなってしまった

温度が低すぎたか、高すぎた。すっぱくても食べられるけれど、おいしい納豆をつくるなら、納豆菌の好きな40〜45度をキープすることが大事だよ。保温用のペットボトルや使いすてカイロを利用して、じょうずに温度管理しよう。

一度に食べきれない

納豆菌は、ほかのばい菌をよせつけないから、なかなかくさらない。冷蔵庫のなかで1か月くらいほうっておいても、水分がぬけてかたくなるだけで味は変わらないよ。

何年も乾燥してねむっていても、納豆菌は、大豆にくっつくとすぐよみがえるんだ。

枝豆でもつくってみよう

みんなの大好きな枝豆でも、おなじつくりかたで納豆がつくれるよ。納豆菌のそだちかたやネバネバ具合、味など、ちがいをくらべてみてね。

やわらか〜くゆでた、あつあつの枝豆に納豆をまぜて発酵させるだけ。枝豆はどう変わっていくかな。

納豆は3日でできるから、何度かつくって記録すると楽しいよ。

納豆菌のネバネバとおいしさのひみつ

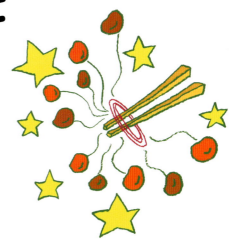

ネバネバの正体

大豆にくっついた納豆菌は、大豆を分解して、タンパク質をうまみ成分に、炭水化物を糖分に変える。このうまみ成分と糖分がくっつくと、ネバネバ物質になるんだ。

かきまぜるとおいしくなるわけ

納豆をかきまぜると、ネバネバの糸がのびてちぎれる。このちぎれたところからうまみを感じる成分が出るんだ。だから、納豆は、かきまぜればかきまぜるほど、おいしくなるんだね。

おいしい味とにおい

納豆のおいしさは、おもにグルタミン酸という成分がつくってくれるもの。コンブや、しょうゆ、みそにもふくまれている、日本人の大好きな味だよ。
においは、納豆菌が大豆を分解するときに出るもので、クセがあるから、にがてな人もいるね。でも、納豆菌の種類によっては、あまりにおいを出さずに大豆を分解するものもいる。にがてな人は、そういう納豆菌でつくられた納豆を使ってみてもいいね。

むかしからの健康食品

納豆は、1300年ほど前の奈良〜平安時代から日本で食べられていたらしい。納豆には、アミノ酸やタンパク質など、からだをつくる材料がいっぱい入っている。消化酵素も多くて、食べものの消化吸収をたすけてくれる。おまけにからだのなかにばい菌が入らないようブロックしてくれる。すごい健康食品なんだよ。

みそしる 大豆変身のなぞをとく

日本のごはんに欠かせないみそしる。
みそがあればできるかんたんでおいしい料理だ。
今回は、みそそのものを大豆とこうじ菌でつくるところから始めよう。

データ

完成時間	夏：40日　冬：80日
作業時間	みそ：6～7時間 ＋みそしる：20分
レベル	★★（時間はかかるけどかんたん！）
出てくる菌	こうじ菌・酵母菌・乳酸菌

みそから手づくり！？

40日でできるスピードみそだって！

こうじ菌が大豆をみそにする

豆の大豆がみそになるわけは？ みそにはどんな種類がある？
日本食といえば、みそしるがつきものだけど、それはなぜ？
すべてのなぞのカギをにぎっているこうじ菌の力を見てみよう。

自分だけのみそをつくるよ！

みそって大豆なの？

手前みそってことば知ってる？

スケジュール

0
↓
↓
↓
12 時間
↓
↓
18 時間
↓
↓
↓
↓
≈
↓
あとは1週間ごとにチェックするだけ

1日目 夜
準備
大豆をあらって水につける

2日目
みそをしこむ
大豆をゆでて、こうじと塩をまぜる

2日目〜
発酵中
1週間に1回、味と見た目をチェック

40〜80日目
みそできあがり！
みそしるづくり
食べてみよう！

用意するもの

スピードみそ
◎材料（約1キログラムぶん）
- ☐ 大豆：200グラム
- ☐ 乾燥こうじ：400グラム
- ☐ 塩（しこみ用）：100グラム
- ☐ 塩（しあげ用）：10グラム

◎道具
- ☐ なべ
- ☐ ボウル
- ☐ ザル
- ☐ ポリぶくろ
- ☐ ラップ
- ☐ ふたつきの容器（容量1.5リットル以上）
- ☐ 重石になるもの（石や本など300グラムくらい）

みそしる
◎材料（4人ぶん）
- ☐ みそ：大さじ3
- ☐ コンブ：中サイズ1〜2まい
- ☐ 水：500ミリリットル
- ☐ とうふ：1ちょう
- ☐ ジャガイモ：1こ
- ☐ ワカメ：ひとつかみ

◎道具
- ☐ なべ
- ☐ おたま
- ☐ ほうちょう
- ☐ まないた

自由研究スタート！
みそから始める みそしるづくり

大豆と塩とこうじ菌でつくるみそ。スピードみそは、こうじ菌の量をふやして、早く発酵させるよ。こうじ菌の力で、酵母菌と乳酸菌もやってくる。おいしいみそができたら、みそしるづくりはかんたんだよ。

みそづくり

1日目 夜　準備

① 前日の夜、大豆をあらって、12時間以上水につけておく。

スタート　　　　　12時間後
大豆が水をすって、3倍にふくらむ。

2日目 みそをしこむ

② 大豆をなべで5時間以上、ゆでる。水がなくならないよう、ときどき水を足す。

注意 こがさないように！

指先で大豆がすぐつぶれるくらいまでゆでる。

圧力なべなら30分くらいでゆであがる。

③ ゆであがった大豆をザルにあげて、お湯を切る。

注意 あついから気をつけて！

Point!
大豆に水はたっぷりと

みそづくりのポイントは、大豆にたっぷり水をすわせて、やわらかーくゆでること！それさえきちんとやっておけば、あとは、こうじ菌がせっせと大豆をみそに変えてくれるよ。

④ 大豆をポリぶくろに入れて、手でつぶす。

つぶが残らないようていねいにつぶそう。

⑤ ボウルに乾燥こうじと、しこみ用の塩を入れてよくまぜ、つぶした大豆もまぜる。

⑥ すべてがよくまざったら、だんごにして、容器の底に思いっきり投げ入れる。

どろだんごをつくる感覚で！

味見をして記録しておこう。

⑦ 全部つめたら、げんこつでぎゅっぎゅっとたいらにして、しあげ用の塩を表面にまぶす。

空気が入らないようにおしつめるよ。

⑧ ラップをかけて、石や本など重石をのせる。

あとはふたをすれば、しこみはおしまい！しばらくすると発酵が始まるよ！

2日目〜　発酵中

⑨ しこみが終わったら、あとは、置いておくだけ！

直射日光のあたる場所やジメジメした場所はさけよう。

Check!
発酵チェック！
1週間ごとに発酵具合をたしかめよう。

だんだん色が濃くなっていくよ。

  記録しておこう。

40〜80日目　みそできあがり！

色がうす茶色になって、みそのいいにおいがしたら、成功！　まずは、そのまま食べてみよう。
塩味がまろやかになっているかな。
みそはじっくり発酵していくものだから、
できあがったあとも、そのまま置いておけば、
味にどんどん深みがくわわるよ。

> できたみそで、いよいよみそしるづくりだ！

できばえ採点！
○が多いほど成功！　×があったらぜったいに食べないで！

★味	★におい	★色	★状態
○ あまい	○ まろやかないいにおい	○ うす茶色	○ 表面に水分がたまっている
△ しょっぱい	× くさったようなにおい	○ こげ茶色	△ しあげ用の塩が残っている
× すっぱい	× すっぱいにおい	× 白	△ 白いカビみたいなものが生えている
× にがい			△ 青いカビみたいなものが生えている

みそしるづくり

注意 ほうちょうや火をつかうから、おとなといっしょにやろう。

① 沸騰したお湯にコンブを入れ、弱火にして1〜2分したら引き上げて、だしをとる。

② ①に皮をむいて小さめに切ったジャガイモを入れ、火にかける。だしがあたたまったら、切ったとうふとワカメを入れる。

③ 火を止めて、みそをとかしながら入れる。

みそしるできあがり！

みそがとけて、みそのかおりがふうわりすれば、完成！
みそしるは、みその風味がとばないよう、みそを入れたら、沸騰させちゃだめだよ。

スピードみその味はどう？

あったまる〜

できばえ採点！ ○が多いほど成功！

★味
- ○ あまい
- ○ まろやか
- △ しょっぱい
- △ 濃い
- △ うすい

★におい
- ○ みそのいいにおい
- △ においがしない
- △ にたった濃いにおい

チャレンジコース
じっくり本格みそづくり！

本格的なみそは半年以上ねかせてつくる。
発酵が進むほど、色も濃くなり、味もまろやかになっていくけれど、
ほうっておくだけだから気軽にやってみよう。

スピードみそより、こうじ菌の割合が少ないよ！

用意するもの

◎材料
- ☐ 大豆：250グラム
- ☐ 乾燥こうじ：250グラム
- ☐ 塩（しこみ用）：120グラム
- ☐ 塩（しあげ用）：10グラム

◎道具
- ☐ スピードみそで使った道具
（27ページを見てね）

スピードみそとつくりかたはまったくおなじ。
ただ、大豆と乾燥こうじの量がいっしょだから、半年かけてじっくり発酵させるんだ。
発酵中、1か月ごとに、味や色のようすをチェックしてね。

 →

半年のあいだに、みその色がどんどん濃く、赤くなっていくよ。

みそのおいしさは、3つの菌の合わせ技

みそは、しょっぱさのなかにあまさがあったり、すっぱさがあったり、香ばしいにおいがしたり、味に深みがある。これは3つの発酵菌の合わせ技。まず、こうじ菌が大豆をタンパク質やデンプンに分解すると、あまみやうまみが出る。すると、空気のなかにいる酵母菌と乳酸菌が、それを食べに集まってくる。酵母菌がにおいを、乳酸菌が酸味をつくる。そうして、みその複雑でまろやかな味ができていくんだ。

やってみよう！
こんなとき・こんなこと

カビが生えたり、水がういてきた

空気にあたる表面は、空気中にいるほかの菌がついて青や緑のカビが生えたり、産膜酵母という酵母菌の膜がはって白くなることもある。毒はないけれど食べられないから、その部分はとって使おう。水分はみそのエキス。飲んでも平気だし、おいしいよ。

みその上に白いカビが生えたら、そこだけとりのぞいて、使おう。

味や色があまり変わらない

もしかしたら、みそを保管する場所が、すごくすずしかったのかもね。こうじ菌は、すずしい場所ではあまりはたらかないんだ。あたたかい場所に置きかえて、あと半月〜1か月くらい待ってごらん。色が濃くなってきたら発酵が進んでいる証拠だよ。

みそは発酵の度合いでどんどん変わる。おなじみそが、白みそから赤みそへと変化するよ。

できたみその保存方法は？

冷蔵庫でもいいし、そのままおなじところでほうっておいてもいいよ。ほうっておくと、どんどん発酵が進むから、みその味や色が変わっていって、楽しいよ。発酵を止めたくなったら、冷蔵庫に入れればいいんだ。

使ってみよう！「手前みそ」

「手前みそ」というのは、「自分で自分をほめること」。むかしはみそは手づくりがあたりまえで、みんな自分のみそがうまいと、じまんしていたことから生まれたことばだよ。「手前みそですが」というのは「じまんになりますが」という意味。使ってみよう！

手前みそですが、ぼくのみそはおいしいですよ。

ところ変われば、みそ変わる

手づくりみそは、人それぞれ味がちがう。これは、その人のまわりにいる菌や、菌がそだつ環境によって発酵具合がちがうからなんだ。地域によってもみそはちがうよ。

日本みそMAP

こうじ菌がつくものによって、麦みそ、豆みそ、米みそにわかれるし、おなじ米みそでも熟成具合で、白みそや赤みそにわかれる。あまくちみそやからくちみそなど味の種類もある。つくる人の数だけみその種類はあるよ。

九州・瀬戸内 麦みそ

大麦にこうじ菌をつけた麦こうじでしこむかおりのいいみそ。

大豆にこうじ菌をつけた豆こうじでしこむ黒いみそ。

ごはんとみそしる。それだけで、からだに必要な3大栄養素のうちのふたつ、炭水化物とタンパク質がとれる。さらに、みそしるに具を入れることで、ビタミンやミネラルもとれる。みそしるは、日本人のからだをささえる料理なんだ。

東北・関東
米みそ

米にこうじ菌をつけた米こうじでしこむからだのあたたまるみそ。

東海
豆みそ

みその栄養

みその材料になる大豆は、「畑の肉」といわれるくらいタンパク質がたくさんふくまれている。タンパク質はからだをつくる元だけど、大豆より、みそのタンパク質のほうが、発酵しているぶん、からだにずっと吸収されやすくなっているんだ。ビタミンB類やミネラルなどもいっぱいあるので、からだの調子も整えてくれるし、長く発酵した赤みそにはメラノイジンという成分が入っていて、こわれた細胞をなおすはたらきまであるんだよ。

あま酒 お米であま〜い飲みものをつくろう！

あま酒って知ってる？ お米からつくる、さとうを使わないすごくあま〜い飲みものだ。そのひみつは、こうじ菌というカビがにぎっている。こうじ菌をそだてて、あま〜いあま酒をつくろう！

データ

完成時間	**4日くらい** （68〜70時間）
作業時間	こうじ：3時間 ＋あま酒：15分
レベル	★★★★（ちょっとむずかしい）
そだてる菌	こうじ菌

あまくておいしい！

元気になる飲みものだよ

こうじ菌でお米がモコモコになる

お米に生えるカビがある！？　そのカビがお米をあまくする？
しかもそれは日本人となかよしのカビ？
そんなふしぎなカビ、こうじ菌をがんばってそだててみよう。

モコモコで
かわいい！

これは
カビなの？

カビだけど
いいカビ
なんだ

スケジュール

- 0 / **1日目 夜～2日目 朝　準備**
  お米をあらって水につける
- 7時間 / **2日目　こうじをしこむ**
  お米とこうじをまぜる
- 12時間 / **2～4日目　発酵中**
  保温しながら、こうじ菌のようすをチェック
- 60時間 / **4日目　こうじできあがり！あま酒づくり**
- 68～70時間 / **4日目 夜　あま酒できあがり**
  飲んでみよう

用意するもの

こうじ

◎材料（約800グラムぶん）
- ☐ 米：600グラム
- ☐ 乾燥こうじ：50グラム

◎道具
- ☐ なべ
- ☐ ボウル
- ☐ ザル
- ☐ ふきん（50センチ×50センチ以上）：2まい
- ☐ むし器（せいろがオススメ）
- ☐ 発酵箱（6ページを見てね）

あま酒

◎材料
- ☐ お米：100グラム
- ☐ つくったこうじ：100グラム
- ☐ 水：300ミリリットル

◎道具
- ☐ 炊飯器
- ☐ ふきん

自由研究スタート！
こうじの力で あま酒づくり

あま酒も、その材料になるこうじづくりも、元になるこうじでお米を発酵させてつくる。こうじづくりのポイントは、お米のむしかげんと温度管理。こうじ菌がうまくそだつと、とってもあまくておいしいあま酒がつくれるよ。

こうじづくり

1日目 夜～2日目 朝　準備

① 夜、お米をあらって、ひと晩（7時間以上）水につけておく。

お米が水をたっぷりすうと、まっ白くなってふくらむよ。

② 朝、お米をざるにあげて、2時間しっかり水を切る。

目安は2時間！それ以上はお米がかわいてしまう。

2日目 こうじをしこむ

③ むし器にふきんをしき、その上にお米をたいらに広げる。

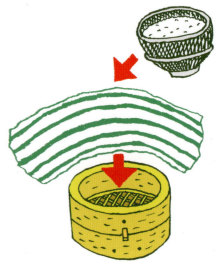

④ お米がむらなくむせるように、たいらにして、すみまでつめる。

むし器からはみ出たふきんのはじは、お米にそっとかぶせる。

⑤ なべにお湯をたっぷりわかし、むし器をセットして、40分間、強火でむす。

40分！タイマーをセットしよう。

注意 あついよ！空だき注意！ときどきお湯を足そう。

Point!

むしかげんは **かためでオーケー！**

指先でぎゅっとひねると、ぐにっと曲げられるくらいがお米のちょうどいいかたさ。シンが残っているときは、もう2〜3分むそう。

⑥ お米がむしあがったら、ふきんごと出して広げ、発酵箱用の温度計をさし、お米の温度が40度以下にならないうちに、すばやく手でほぐす。

1つぶずつがバラバラになるようにほぐそう。

注意 あついよ！

⑦ お米の温度が40度以下になったら、乾燥こうじを細かくくだいてふりかけ、よくまぜる。30度以下にならないうちにやろう。

※乾燥こうじのかわりに「種こうじ屋さん」（45ページ）で売っている「種こうじ」を3グラムくらいふりかけてもいいよ。

⑧ お米に温度計をさしたまま、ふきんを力いっぱいぎゅっとしばる。

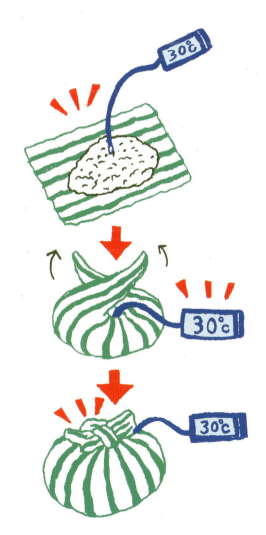

⑨ 発酵箱用のペットボトルにお茶くらいの温度（60〜70度）のお湯を入れる。

注意 熱湯はあぶないからぜったいに入れないこと！

⑩ 発酵箱に、⑨のペットボトルを入れ、その上に、⑧のお米を置く。

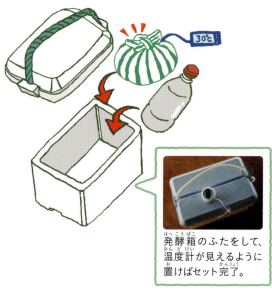

発酵箱のふたをして、温度計が見えるように置けばセット完了。

2〜4日目　発酵中

⑪ 3〜4時間ごとお湯をとりかえて、24時間、35度前後をたもつ。24時間たったら、発酵箱から出して、一度お米をほぐす。

28度以下にならないうちにすばやくやる！

  味やにおいを記録しておこう。

⑫ 残りの24時間は、40度前後になるように、3〜4時間ごとにお湯をとりかえる。

お湯をかえるとき、ふきんもぎゅっとしばりなおそう。

Point!

発酵箱は飼育箱

菌は生きもの。虫や動物を飼うのといっしょで、ていねいに世話をしてあげると、どんどんそだつよ。発酵箱は飼育箱。菌にとっての「虫かご」だから、菌をそだてているときは、こまめに温度やようすを見てあげよう。みそやしょうゆ、お酢、お酒…日本の食事に欠かせないこれらのものは、みんなこうじ菌がつくってくれている。日本人はむかしから、こうじ菌の世話をして、おいしい料理をつくって、くらしてきたんだ。

Point!

こうじ菌をうまくそだてるのは温度！

こうじ菌は、あたたかいところが大好き。発酵箱に入れてからはじめの24時間は、お米の温度を30度前後にしてあげよう。こうじ菌が元気になってくるあとの24時間は40度前後にしてあげるといいよ。元気にそだってくるとこうじ菌が熱を出しはじめるはずだ。ただし43度以上だと上がりすぎだから、ふきんを広げて熱をにがしてあげてね。

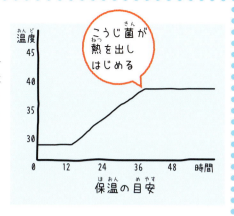

Check!

発酵チェック！

お湯をかえるとき、お米の発酵具合もたしかめよう。

↓

お米がだんだん白くなって、においも出てくるよ。

記録しておこう。

4日目　こうじできあがり！

お米ひとつぶひとつぶがきれいに白くなっていたら、こうじ菌が、びっしり生えた証拠。いいにおいがするかな。食べてみて、あまみを感じることができれば大成功だよ。

できばえ採点！

○が多いほど成功！
×があったらぜったいに食べないで！

★味
○ あまい
△ すっぱい
× にがい

★におい
○ クリみたいなにおい
△ よくわからない
× ツンとする

★におい
○ お米がきれいに真っ白
○ お米がモコモコつながっている
△ お米がまだら

あま酒づくり

こうじづくりはうまくいったかな？
うまくいった人は、自分のこうじであま酒をつくろう。
こうじづくりに失敗した人は、乾燥こうじで、あま酒づくりをしてみよう。

① 炊飯器にお米と水を入れ、おかゆをたく。

② おかゆに温度計をさし、50度くらいまで冷めたら、こうじをほぐし入れて、よくまぜる。

③ 炊飯器にふきんをかけて、ふたをせず、8〜10時間保温する。

4日目 夜　あま酒できあがり！

あま〜いかおりがするかな。飲んでみて、さとうを入れたみたいにあま〜くなっていたら、大成功！
その前のこうじづくりが、じょうずにできた証拠だよ。

できばえ採点！

○が多いほど成功！
×があったらぜったいに食べないで！

★味
- ○ あまくておいしい
- ○ あまずっぱい
- △ あまくない、おかゆの味
- × すっぱい

★におい
- ○ あまい
- × くさい
- × ツンとする

あま酒で元気いっぱい！

あま酒をつくると、こうじ菌がお米をどんなにあまくするかわかるね。ビタミンやアミノ酸も豊富なあま酒は、むかしは夏バテ防止の栄養ドリンクで、夏の飲みものだったんだ。でもさむい冬に飲むあま酒も、からだをあっためてくれておいしいね。
みんなも手づくりあま酒を飲んで元気にすごそう！

やってみよう！
こんなとき・こんなこと

あんまりモコモコしなかった

原因は、むし時間が長すぎてお米がベトベトになってしまったか、そだてているときの温度管理ができていなかったかのどちらかだ。こうじ菌は湿気がきらいだし、さむいとうごけないよ。このふたつに気をつけて、もう一度やってみよう。

ネバネバしてしまった

発酵中のお米の温度が高すぎたのが原因。43度以上になると、空気中にいる納豆菌がうごき出してネバネバしてしまう。温度が上がりすぎたら発酵箱のふたを開けたり、ペットボトルを出したりして下げてあげよう。

あま酒があまくならなかった

こうじ菌をそだてるときの温度が低すぎたのかもしれない。24時間をすぎたら、なるべく40度前後の温度をたもとう。こうじができたとき、あまさを感じなかったら、あまいあま酒づくりにはむかないから、みそづくり（26ページ）や塩こうじづくりに使おう。

塩こうじのつくりかた

用意するもの

◎材料
- 今回つくったこうじ：250グラム
- 水：500ミリリットル
- 塩：100グラム

◎道具
- ふたつき容器（容量1リットルくらい）

① こうじと水と塩をまぜて容器に入れて、部屋に置いておくだけ。

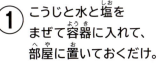

② 1日1回かきまぜて、7〜10日くらいで、塩味がまろやかになったらできあがり。

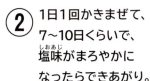

肉や野菜をつけこむと、おいしいよ。

こうじ菌がモコモコ
お米をあまくするひみつ

ひとつぶずつは、目に見えないほど小さいのに、日本人となかよしで、日本の料理に欠かせない調味料をつくってくれている、こうじ菌のことをもう少し知っておこう。

こうじ菌は、モコモコ胞子をのばす

こうじ菌は、菌糸部分でお米の栄養を食べながら、お米の表面に胞子をさかせているんだね。
このお花畑みたいな胞子がお米をモコモコにしているんだ。

顕微鏡で見たこうじ菌

食べものをおいしく分解する

こうじ菌は、たくさんの酵素を持っていて、食べものの栄養を高めておいしくしてくれる。酵素というのは、食べものをチョキチョキ分解してくれるハサミみたいなもの。あま酒をつくるとわかるけれど、こうじは、お米をおどろくほどあまくする。食べものは酵素で細かくなるほど、あまみやうまみが出てくるし、ビタミンなどの栄養もふえる。そして、その栄養が人間のからだに吸収されやすくなるんだ。

菌糸：植物でいう根っこみたいなもの。ここからお米の栄養を食べる。

> ぼくの
> ほんとの
> すがたは、
> こうなってる

胞子：植物でいう種みたいなもの。ここがモコモコしている。

神さまのくれたカビ？

こうじ菌がいつごろ発見されたのか正確にはわかっていないけれど、奈良時代には、お米に生えたカビからおいしいお酒ができたという記録が残っている。最初は神さまにおそなえをするためのお酒をつくる特別な菌だったけれど、やがて日本人は、こうじ菌の胞子だけをとりだし、そだてる方法を発見して、いろいろな食べものをつくるようになった。いまでも、こうじの胞子「種こうじ」を売る「種こうじや」さんがあるよ。

めでたい！！

お米に花をさかせるこうじ菌

こうじ菌がしっかりそだってモコモコになったお米

お米の上でこうじ菌がじょうずにそだつと、お米が真っ白でモコモコになる。だから日本人は、「米の花」＝「糀」という漢字をつくった。お米にくっついたこうじを「米こうじ」（35ページ）というんだ。

和食に欠かせないこうじ菌

みそ、しょうゆ、みりん、お酢、日本酒……和食に欠かせないこれらのものは、みんなこうじ菌がつくっているんだ。和食に使われているこうじ菌は、イヤなにおいや毒素を出さない世界的にもめずらしい菌。「ニホンコウジカビ」という、日本特有の菌なんだよ。

> こうじ菌は乳酸菌や酵母菌となかよし。どちらの菌もおいしい発酵食品に欠かせないよ。

パン

小麦粉をふっくらふくらませよう！

ふっくらおいしいパン！小麦粉がふっくらふくらむカギは、酵母という菌がにぎっている。
くだものから酵母菌の液をつくって、ふっくらパンを焼こう！

データ

完成時間	5〜6日間くらい（120〜130時間）
作業時間	酵母液 10 分 ＋パン 1 時間
レベル	★★★（がんばればできる）
そだてる菌	酵母菌

自分でパンをつくろう！

いいにおい！

おいし〜い♪

酵母菌のガスでパンをふくらませる

パンもうどんもお好み焼きも、ぜんぶ小麦粉でできている。
けれど、どうしてパンだけ、あんなにふっくら、ふくらむんだろう？
いいにおいがするわけは？
酵母の液をつくって、パンをふくらませてみよう！

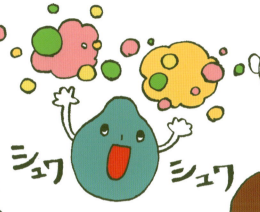

くだものを使うの？

菌でパンがふくらむの？

酵母菌は炭酸ガスを出すんだ。

スケジュール

0
↓
↓
↓
12時間
↓
↓
≈
↓
↓
120時間
↓
↓
↓
↓
130時間

1日目
酵母液をしこむ
ガラスびんのなかに酵母菌をしこむ

1〜5日目
発酵中
部屋のすずしいところに置いておく

5日目
酵母液できあがり！

パンづくり
5〜6日目
パンできあがり！
食べてみよう！

用意するもの

酵母液
◎材料
- □ 天然水：250ミリリットル
- □ リンゴ：1こ
- □ ハチミツ：大さじ2 または、さとう：20グラム
- □ ドライイースト：2〜3グラム

◎道具
- □ ほうちょう
- □ ふたつきガラスびん：容量1リットル以上でじょうぶなもの

パン
◎材料
- □ つくった酵母液：120ミリリットル
- □ 強力粉：200グラム
- □ 塩：4グラム
- □ ハチミツ：大さじ1 または、さとう：10グラム
- □ バター：10グラム

◎道具
- □ ボウル
- □ スプーン
- □ ラップ
- □ きりふき

自由研究スタート！
シュワシュワ酵母でふっくらパン！

パンは酵母菌と小麦粉が原料。そこにバターやさとうなど、好みの材料をくわえてつくるんだ。くだものと水で原料になる酵母菌の液をおこすところからやろう！

酵母液づくり

1日目　酵母液をしこむ

① ガラスびんは、洗剤でていねいにあらって、よく水分をふきとる。

② リンゴは皮をむかずに、たてに8つに切る。シンと種はすてる。

注意 おとなとやろう。

③ ガラスびんのなかに、天然水、リンゴ、ハチミツ（さとう）を入れる。

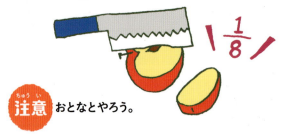

④ ドライイーストを入れ、よくかきまぜる。ガスがぬけるように、ふたをゆるく閉める。

1〜5日目　発酵中

⑤ 風通しのいいすずしい場所に置いて、1日数回ふたを開け、ガスぬきをしてかきまぜる。

注意 ガスぬきしないと、びんが破裂することもある

Check!

発酵チェック！
かきまぜるとき発酵具合を
たしかめよう。

↓

だんだん白くなってきて、あわが
出てくるよ！

 記録して
おこう。

5日目　酵母液できあがり！

シュワシュワあわが出て、リンゴがうかんだら、
酵母液を味見してみよう。
あまさがなくなっていれば、酵母菌があまみを食べつくした
証拠だから、完成だよ。もし、あまみが残っていたり、
あわが弱かったら、もう1～2日、発酵させよう。

できばえ採点！

○が多いほど成功！
×があったらぜったいに食べないで！

★状態
- ○ ふたを開けたらシュワッとした
- ○ あわがプクプクはじける小さな音がする
- △ あわが出ていない
- × 表面にカビがういている

★味
- ○ シュワッとしてる
- ○ あまり味がしない
- △ すっぱい
- × にがい

パンづくり用の酵母、イースト菌

酵母液をしこむときにまぜた「ドライイースト」。
この「イースト」というのも酵母菌のひとつだ。酵
母菌にもたくさんの種類があるけれど、なかでも
イースト菌は、一番パンにむいている酵母菌で、失
敗しにくいパンづくりができる。
自分で酵母菌をそだてると、イース
ト菌以外の酵母菌もまざるから、パ
ンが失敗することもあるけれど、う
まくいけば、それぞれの菌が作用し
あう、味わい深いパンができるんだ。

パンづくり

① ボウルに強力粉、塩、ハチミツ（さとう）を入れ、酵母液をそそぐ。

② スプーンでよくまぜ、まとまってきたら、バターをくわえ、またまぜて、生地をつくる。

③ 生地がまとまったら、とりだして、手で5分間よーくこねる。

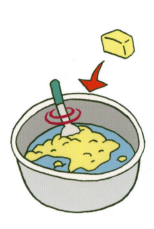

Point!

5分間のこねで、パンのできが決まる！

ここで手をぬかないで5分間しっかり力を入れてこねる。そのことで、粉にねばりけが出るし、酵母菌がまんべんなくまざる。そのあと、時間をかけてねかせると、酵母菌がふえて、パンがしっかり発酵する。ちょっと大変だけど、がんばろう！

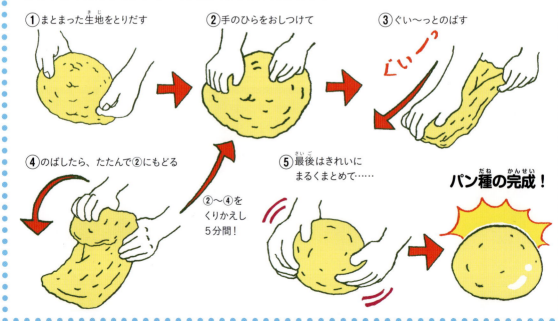

① まとまった生地をとりだす
② 手のひらをおしつけて
③ ぐい〜っとのばす
④ のばしたら、たたんで②にもどる
②〜④をくりかえし5分間！
⑤ 最後はきれいにまるくまとめて……

パン種の完成！

④ パン種にラップをかけて、夏なら6時間、冬ならあたたかいところで8時間以上ねかせる。

 一次発酵 夏6時間 冬8時間

 ラップにしるしをつけよう。どれくらい大きくなったかがわかるよ。

スタート  → 6時間後

2倍くらいの大きさにふくらんだら発酵終了。まわりの温度によって発酵時間は変わるから、大きさを目安にしよう。ふくらみが足りなければ、さらにねかせよう。

⑤ パン種を6つにちぎってよくこね、まるめ、ラップをかけて、夏なら2時間、冬ならあたたかいところで3時間くらいねかせる。

 二次発酵 夏2時間 冬3時間

 ラップにしるしをつけよう。どれくらい大きくなったかがわかるよ。

スタート  2時間後

1.2～1.5倍くらいの大きさにふくらんだら発酵終了。まわりの温度によって発酵時間は変わるから、大きさを目安にしよう。ふくらみが足りなければ、さらにねかせよう。

パン種は2回発酵させる

一次発酵は、酵母菌がそだって、ふえていくための時間。酵母菌は、小麦粉の糖分を炭酸ガスとアルコールに変えながらどんどんふえていく。そのガスで、パン種がふくらみ、大きくなるよ。

二次発酵は、パン種をふくらませるためのもの。パン種をちぎると、一次発酵のときのガスがぬけてしまうから、もう一度酵母菌にガスを出してもらって、ふっくらさせるんだ。

⑥ 二次発酵が終わったパン種にきりふきで水をふきかけて表面をしめらせる。

⑦ 予熱であたためたオーブンに入れ、190度で15〜20分焼く。

Check!

発酵チェック！
オーブンをのぞいて、発酵具合もたしかめよう。

↓

パン種のなかにたまった炭酸ガスが、あたためられて、どんどんふくらんでいくよ。

5〜6日目　パンできあがり！

外側がきつね色に焼けたらできあがり！
大きくふくらんで、ほんのりあまい香ばしいにおいがする、そんなパンができたら大成功！

できばえ採点！

○が多いほど成功！
×があったらぜったいに食べないで！

★味
○ あまい
○ 香ばしい
△ すっぱい
× にがい

★におい
○ あまいにおい
○ 香ばしいにおい
△ すっぱいにおい
× こげくさい

★状態
○ よくふくらんだ
○ ふんわりしている
△ ぺちゃんこになった
△ ベタベタしている

ふだん食べているパンとくらべてどうかな？

チャレンジコース
野生の酵母菌をつかまえよう

ドライイーストを使わなくても、空気中にとんでいる酵母菌やレーズンの表面にくっついている酵母菌をつかまえて、酵母液をつくることができるよ。

用意するもの

◎材料
- □ オイルコーティングされていないレーズン：200グラム
- □ ハチミツ：大さじ2
- □ 天然水：250ミリリットル

◎道具
- □ なべ
- □ ふたつきガラスびん：容量1リットル以上でじょうぶなもの

つくりかた

① なべに湯をわかし、ガラスびんを20分くらい煮沸して、よくかわかす。

② ①のガラスびんに天然水、ハチミツ、レーズンを入れる。

③ リンゴのときとおなじように発酵させる。

注意 あついから気をつけて！

6〜8日目　できあがり！

リンゴでつくるときより1〜3日、長く発酵させるよ。
レーズンが全部ういたら、完成だ。

レーズンの酵母菌とリンゴの酵母菌、できるパンの味はちがうかな？

やってみよう！
こんなとき・こんなこと

酵母液がシュワシュワしない

びんを置いていた場所がすずしすぎるか、ジメジメしすぎているのかも。あたたかくて風通しのいい場所に置こう。酵母菌のエサになるハチミツやリンゴの分量はまちがわなかったかな？ 2〜3日たっても、シュワシュワしてこなかったら、もっと材料を足してみるといいよ。

酵母液にカビが生えた

酵母液がそだつ前に、ばい菌が入ってしまったかもしれない。もったいないけれど食べたら危険だから全部すてて、もう一度やり直そう。くさるのをふせぐためには、1日1回、酵母液をかきまぜよう。

危険

くさってしまった酵母液。すっぱくてイヤなニオイがする。

パンがうまくふくらまなかった

パン種のこねと発酵が足りなかったかもしれない。5分間しっかりこねること。一次発酵は、夏でも6時間以上、冬なら8時間以上ねかせて、最初の大きさの2倍くらいまでふくらませること。二次発酵も、夏は2時間くらい、冬は3時間くらいねかせて、1.2〜1.5倍までふくらませることが大事だよ。

ほかのくだものでもやってみよう

レーズンはリンゴよりも酵母菌がそだちやすいから、ドライイーストをくわえなくても、酵母液がつくれるんだ。ほかにも、ミカンやキウイ、ブドウやカキなど、あまいくだものは酵母菌がそだちやすいから、酵母液をつくってみよう。

酵母菌がパンをふくらませるひみつ

おいしいパンができたかな？パンをつくると小さな菌のはたらきかたがよくわかってほんとうに楽しいね。

酵母菌が出す炭酸ガスが決め手！

サイダーをコップにそそぐと、シュワッとしたあわが出てくる。これが炭酸ガス。くだものからつくった酵母液には、酵母菌がつくった炭酸ガスがいっぱい入っている。炭酸ガスが出るときに、パンのあのいいにおいもつくられるんだよ。酵母菌が小麦粉やハチミツの糖分を食べて、ガスやにおい、味を出すことで、ただの小麦粉がおいしいパンになっていくんだ。

パンのにおいのひみつ

かぐだけでおなかがへるパンのいいにおいも酵母菌がつくっているよ。酵母菌がつくるアルコールのひとつ「エタノール」が、パンのかおりを出しているんだ。
アルコールというと、よっぱいそう、と心配になるけれど、オーブンで焼くときにアルコール成分はとんでしまうから安心してね。

酵母液でこねたパン（左）と水でこねたパン（右）。
酵母菌が入るとパンはふくらむけど、水だけではふくらまない。

ふんわりパンのひみつは、ガスとグルテン

パンをちぎって見てみると、なかに小さなあながいっぱい空いている。
このあなには、酵母菌が出した炭酸ガスがつまっていたんだ。炭酸ガスが生地のなかにたまって、パン種を風船のようにふくらませるんだね。ガスは、オーブンで焼いたときに、ぬけてしまうけれど、よくこねた小麦粉はグルテンというねばりを出すから、ガスがぬけてもしぼまない。これがパンの「ふんわり」の正体だ。

できたパンを半分に切ってみよう。いっぱいあなが空いているかな。この部分に酵母菌がつくったガスがたまっていたんだよ。

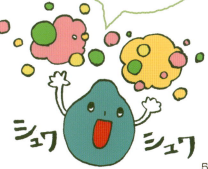

酵母液は、ときどきさとうを入れてやれば、冷蔵庫で、1か月くらい保存できるよ！

自由研究のまとめかた

菌をそだてて、おいしい料理がつくれたかな？
菌がどんどんふえていくのや自分でつくった料理を食べたりするのは楽しいね。
その楽しさが、ほかの人にもつたわるように、やったことをまとめよう。

ポイントは4つ！

① タイトル

大きく目立つように書く。
なにを調べたのかひとことでわかるようなタイトルにする。
タイトルのそばに学年や名前を書く。

② 動機

なぜその研究をしてみようと思ったのかを書く。また、そのことについて、最初にどんな予測を立てたのかなども書くといいよ。

③ 研究方法の紹介

どんなふうに研究を進めていったのか、できるだけくわしく書く。菌をそだてているときにメモしたデータや写真などもたくさんつけよう。

④ 結論や感想

実際に菌をそだてたり、料理をつくって、わかったことを書く。最初の予測と合っていたかどうかを書く。失敗しても、その結果や、そこからわかることがあるはずだ。結論だけでなく、感想も書こう。

見出しは色をつけたり、かこんだりして、目立つようにする。

乳酸菌でヨーグルトをつくる

〇年〇組　あかねたろう

動機
乳酸菌という菌が、牛乳をヨーグルトにすると知って、
ヨーグルトが好きなので、自分でつくりたいと思った。
売っているヨーグルトにも生きている乳酸菌がいるから、
そこからヨーグルトをつくれると知って、ほんとうかどうか気になった。

研究方法

用意したもの　　実験開始

牛乳
ヨーグルト

①牛乳をわかす

②少しさましてから
ヨーグルトを
大さじ2はい
入れて、よくまぜる

③部屋に
置いておく

④一日たつと
ヨーグルトに
なった

感想

家族で食べた。ほんとうにヨーグルトになっていた。

大さじ2はいのヨーグルトが1パック分くらいになったので、トクした気分だった。

青いリトマス試験紙につけると赤くなった。牛乳のときは変わらなかったので、ヨーグルトになって酸性になったことがわかった。

結論

==ヨーグルトのなかには乳酸菌がいて、==
==ヨーグルトからヨーグルトがふやせる！==

乳酸菌は、牛乳をヨーグルトに変える。それは、乳酸菌が生きているしょうこ。
つまり売っているヨーグルトのなかに生きている乳酸菌がいることがわかった。
豆乳でもつくれるらしいので、つくってみたい。

参考資料　『発酵菌ですぐできる　おいしい自由研究』小倉ヒラク　あかね書房
　　　　　　『ヨーグルトと乳酸菌』http://00000

参考資料もかならず書く。本のタイトルやHPアドレスなど。

おつかれさま
じょうずに菌をそだてられたかな?

　うまくいった人は、やったね!
　発酵菌をじょうずにそだてて、そのうえおいしい料理までつくってしまった。菌から納豆やパンをつくるなんて、料理じょうずなおとなでもなかなかやらないこと。そんな実験に成功したんだ。おうちの人や友だち、先生にじまんしよう。みんなにごちそうしてあげてもいいね。
　うまくいかなかった人もガッカリしないで。ずっと研究をしているぼくもよく失敗する。菌は生きものだから、思い通りにそだたないことも多いんだ。だけど、失敗したときこそいろんなことを勉強できる。
　まず、どううまくいかなかったかをよーく観察しよう。たとえば、菌はふえたのに、おいしい料理にならなかったとか、ヘンなにおいがしてしまったとか、そもそも菌がふえなかったとか。失敗した場所がわかると、どこがいけなかったのか予測がつけられる。すると、どうしたら成功するかが見えてくる。うまくいかなかった原因をよーく考えると、いっぱい発見することがあるはずだ。

くさるってどういうことだろう?

　食べものがくさっちゃった人もいるかもしれないね。
　まえがきで、発酵菌は料理をおいしくする。ばい菌は食べものをくさらせる、と説明した通り、食べものがくさってしまったのなら、役に立つ発酵菌のかわりに、ばい菌をそだててしまったということだ。ぼくらのまわりには、いろいろな種類の菌がたーくさんいるから、思っていたのとちがう菌をつかまえたり、ふやしたりしてしまうこともある。でも、くさることは悪いことじゃない。
　発酵菌もばい菌も、なにかを細かく分解して、地球に必要なものをつくりだしてくれている。人間から見れば、くさってしまった食べものも、地球から見れば、なにかの養分として分解されたもの。動物や植物は生き続けることはできないけれど、菌は、それらの死がいを分解して、土や水にかえしてくれる。そして、そこから、また新しい動物や植物が生まれてくる。菌がいるから、生きもののサイクルが生まれてくるんだよ。
　菌は、ぼくたち人間とおなじ、地球に欠かせない生きものなんだ。

コンポストにも挑戦してみよう

それでは最後に、みんなの手でゴミを分解してみよう。
生ゴミを土にかえす、「コンポスト」という技術を紹介するよ。
失敗した料理もコンポストで分解できるはずだ。

用意するもの

- ☐ 発酵箱（6ページを見てね）
- ☐ 腐葉土：1キログラム
  （園芸店などで売っているよ）
- ☐ 40度くらいのぬるま湯：250ミリリットル
- ☐ パンでつくった酵母液：大さじ2、
  またはドライイースト：2グラム
  （48〜49ページを見てね）
- ☐ ヨーグルト：25グラム
- ☐ 納豆：1つぶ
- ☐ さとう：15グラム
- ☐ ペットボトル（350ミリリットル）：1本

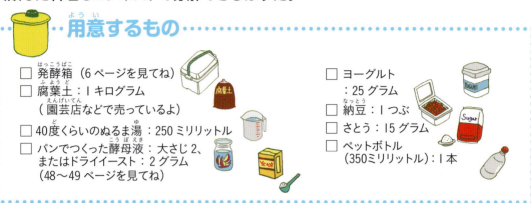

発酵液をつくる

まずは、生ゴミを分解するために乳酸菌と酵母菌がたっぷり入った発酵液をつくるよ。

① ペットボトルにぬるま湯を入れ、酵母液かドライイースト、ヨーグルト、納豆、さとうを入れて、ふたをしめ、よくふって、まぜあわせる。

② ①を発酵箱のなかに入れ、30度で保温しながら、2〜3日発酵させる。発酵液が発酵してくると、ガスが出てきて、ペットボトルのふたをとばしてしまうかもしれないから、ふたは少しゆるめておこう。

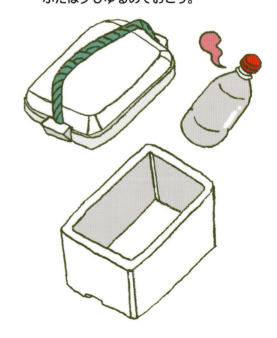

コンポストをつくる

① 発酵箱のなかに腐葉土をしきつめる。

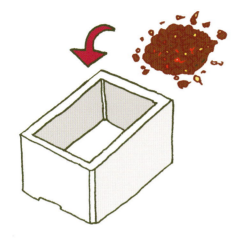

② できあがった発酵液を よくふってからそそぎ入れ、 腐葉土とよくまぜあわせたら、 生ゴミを入れ、もう一度よくまぜる。

Point!

○ 入れていい生ゴミ

パン粉・天ぷら粉

肉・魚

 野菜の皮や葉っぱ、ヘタなどのくず

 リンゴやミカンなど、くだものの皮や果実

タマゴのカラ（細かくくだく）

ゴミは、よく水気を切ってから入れよう。
タマゴのカラが分解されたら大成功なので、
ぜひ入れてみてね。
自由研究で失敗した料理があったら、
それも入れてみてね。

✕ 入れてはいけない生ゴミ

 くだもの・野菜などのかたい種

肉や魚の骨
※分解できない

塩や塩分の強い調味料
※塩が強くなると発酵しない

洗剤がついた食べもの
※発酵できなくなる

生ゴミに塩や洗剤が入っていると、
ほかのカビにやられてしまうことがあるので、
気をつけてね。

③ 生ゴミを腐葉土のなかにうめたら、発酵箱のふたをしめて発酵させる。
発酵するには箱のなかの温度を25〜30度にしてあげる必要があるから、夏ならそのままで、冬ならペットボトルにお湯を入れて、発酵箱のなかの温度を上げよう。
温度が低いとカビが生えてしまうよ。

始めた日づけや、どんな生ゴミを入れたのかなど、記録しておこう。

Check!

発酵チェック!
ときどき発酵具合をたしかめよう。

↓

1週間すぎると、だんだん生ゴミがとけて、2週間たつとはっきりと形がくずれ始めるはず。

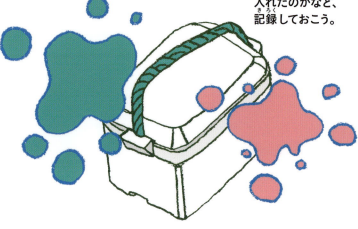

できあがり!

まだタマゴのカラが完全に分解されていないけれど、このくらいに土にかえったら完成。
残っているゴミはまぜこんでしまおう。

できばえ採点!
○が多いほど成功!

- ○ 生ゴミがきれいに分解され、腐葉土とまざっている
- △ 生ゴミが分解しきれていない
- △ カビが生えた
- △ くさいにおいがする
- △ 虫がわいた

できた土は、生ゴミの養分がとけこんだ栄養たっぷりの土。植物をそだてるのに使ってね。

ぼくらは菌と生きている

　菌をそだてて、発酵料理をつくってみて、みんな、自分のまわりに菌がいることを実感できたかな。

　菌を使いこなすのはむずかしいけれど楽しい。発酵菌となかよくなれれば、おいしい食べものをつくることもできるし、ゴミを土にかえすこともできる。逆にやりかたをまちがえれば、食中毒や病気になってしまう。21世紀になってからたくさんの研究者が発酵の力に注目している。宇宙開発とおなじくらい、これから小さな菌の世界で新しい技術が見つけられるようになるだろう。

　ぼくがこの本でみんなにつたえたいのは、「見えない生きものたちがぼくたちのくらしをささえている」ということ。むかしから人は発酵菌のはたらきをちゃんとわかっていて、その力をうまくくらしにとり入れてきた。菌はとてもみぢかなものだから、だれだって発酵菌の博士になれるんだ。

　今回の自由研究で菌たちのことに興味をもったら、ぜひずっと勉強し続けて、未来をつくる発酵学者になってほしい。

　そしたらぼくのところにじまんしにきてね。待ってるよ！

小倉 ヒラク（おぐら ひらく）

1983年東京都生まれ。「見えない発酵菌たちのはたらきを、デザインを通して見えるようにする」ことを目指す発酵デザイナー。東京農業大学の醸造学科研究生として醸造学を学び、全国各地の醸造家たちと商品開発や絵本、アニメの制作やワークショップを行なっている。自由大学や桜美林大学等の一般向け講座で、発酵学の講師もつとめている。
発酵文化を伝えるなかま"コージーズ"とつくった絵本『てまえみそのうた』でグッドデザイン賞2014受賞、ほかに『おうちでかんたんこうじづくり』（ともに農山漁村文化協会）がある。
http://hirakuogura.com

主要参考文献
『調べるっておもしろい！ 納豆はただものではない！』（樋口清美 著／アリス館）
『つくってあそぼう なっとうの絵本』（わたなべすぎお へん・沢田としき え／農山漁村文化協会）
『つくってあそぼう パンの絵本』（片岡芙佐子 へん・山福朱実 え／農山漁村文化協会）
『ひらめき！ 食べもの加工 おもしろ実験アイデアブック』（岡本靖史 著／農山漁村文化協会）
『ポリ袋で作る天然酵母パン フライパンや鍋で手軽に焼ける』（梶晶子 著／文化出版局）

協力
土屋誠（写真）
水瓶酵母室（パンのレシピづくり）

図書館版
発酵菌ですぐできる
おいしい自由研究

2016年12月23日　初版発行

文・絵　小倉ヒラク
発行者　岡本光晴
発行所　株式会社あかね書房
　　　　〒101-0065　東京都千代田区西神田3-2-1
　　　　電話　03-3263-0641（営業）　03-3263-0644（編集）
印　刷　図書印刷株式会社
製　本　牧製本印刷株式会社

ブックデザイン　アンシークデザイン
編集　岩井真木

NDC619　64ページ　27cm
© H.Ogura 2016 Printed in Japan
ISBN978-4-251-08951-9　C8077
落丁本・乱丁本はお取りかえいたします。
定価はカバーに表示してあります。
http://www.akaneshobo.co.jp

用語解説

アミノ酸 タンパク質を構成する成分で、動物のからだをつくるもとになるもの。つまり、タンパク質を分解するとアミノ酸になるんだ。

アルコール 糖質が発酵してできる物質のひとつで、アルコールの入った飲みものが「お酒」だよ。

ウィルス 細菌よりも小さい生きもの。ほかの生きものの細胞にとりついてふえ、病気を引きおこすものがあるよ。

カルシウム 人間のからだをつくる栄養素のひとつ。牛乳や小魚にたくさんふくまれていて、骨をつくってくれる。

グルタミン酸 アミノ酸の一種で、からだをつくるだけじゃなく、日本人の大好きなうまみのもとになる栄養素だよ。

グルテン 小麦粉のなかにあるタンパク質が水とくっついてできるねばる物質。小麦粉をよくこねるほど、グルテンがしっかりできてふんわりしたパンになる。

細菌（バクテリア） 目に見えない小さな小さな生物。乳酸菌や納豆菌などの発酵菌も細菌だ。生きものだから栄養や水があればふえることができる。

産膜酵母 空気が大好きな酵母菌の一種で、みそなどをつくっているとき、空気にふれる表面に上がってくるんだ。

消化酵素 動物のからだを動かしたり、つくったりする手助けをしてくれる「酵素」。消化酵素は、食べものの栄養が消化しやすくなるよう手つだってくれる酵素だ。

炭水化物 人間のからだをつくる栄養素のひとつ。ごはんやパンなど主食に多くふくまれていて、からだを動かすエネルギーになる。

タンパク質 人間のからだをつくる栄養素のひとつ。筋肉や血液、ひふなどをつくってくれる。植物性と動物性があるよ。

デンプン 植物が太陽と水と二酸化炭素でつくる炭水化物だよ。お米や麦、ジャガイモの主成分で、人間のからだのエネルギーになるよ。

糖分 炭水化物のなかでエネルギーになる糖質の分量。

二酸化炭素（炭酸ガス） 地球上のどこにでもある気体。人間は空気をすって二酸化炭素をはくけれど、植物は二酸化炭素をすって、酸素を出すよ。

ビタミン 栄養素のひとつ。からだの調子を整えたり、成長させたりするのに欠かせないもの。

ペニシリン 世界で一番最初にできた「抗生物質」。抗生物質というのは、細菌がふえるのをふせぐ薬だよ。

ミネラル 栄養素のひとつ。骨や血をつくったり、からだの調子を整えたりする。

メラノイジン 食べものが加熱されたり、発酵したりして、赤茶色になる。この赤茶色の物質（褐色物質）のこと。ホットケーキの茶色いこげ目もメラノイジンだ。

腐葉土 落ち葉や生きものの死がいなどがつもり、菌によって分解され、それらがとけこんだ栄養たっぷりの土。植物や作物をそだてるのにいいんだ。

さくいん

あ
アオカビ 4
アイラン 17
悪玉菌 17
あま酒 5,6,36~38,41~43
アミノ酸 25,42
アルカリ性 11
アルコール 5,51,55
イースト菌（ドライイースト）
　47~49,53,54,60
ウィルス 3
エタノール 55
枝豆 24
大麦 34
温度計（外部センサーつき温度計）
　6,21,22,39,40,42

か
カビ 4,5,33,36,37,45,54,61,62
カルシウム 16
乾燥こうじ 27,29,32,37,39,42
牛乳 10~16,57
菌糸 44
グルタミン酸 25
グルテン 55
こうじ（米こうじ）35~45
こうじ菌 5,26~45
酵素 44
酵母菌 5,26,28,32,33,45~51,53~55,60
酵母液 46~50,53~55,60
穀物 5
小麦粉 46,47,48,51,55
米 35~45
米みそ 34,35
コンブ 25,27,31

さ
コンポスト 5,6,60~61
細菌（バクテリア）3
酸性 11,13,57
産膜酵母 33
塩こうじ 43
消化酵素 25
しょうゆ 5,25,40,45
酢 40,45
善玉菌 17

た
大豆 14,18~29,32,34,35
種こうじ 39,45
炭酸ガス（ガス）5,47,51,52,55,60
炭水化物 25,35
タンパク質 5,16,21,25,32,35
中性 11
使いすてカイロ 6,21,22,24
つけもの 5
手前みそ 27,33
デンプン 5,32
豆乳 14,57
糖分 15,25,51,55

な
納豆 5,6,18~25,58,60
納豆菌 5,18~25,43
二酸化炭素 5
ニホンコウジカビ 45
乳酸 15,16
乳酸菌 2,4,5,10~17,26,28,32,45,57,60
乳糖 16

は
ばい菌 4,7,9,15,17,21,24,25,54,59